I
27
n. 10847.

AF263842

DEUX ARTISTES BORDELAIS

27
Ln 10847

NOTICES BIOGRAPHIQUES

PAR LE MÊME.

Notes pour servir à la biographie des Grands Hommes de la ville de Bordeaux et du département de la Gironde. Bordeaux, Gounouilhou, 1858, in-8°, 4 feuilles et demie.

L'abbé Baurein, sa vie et ses écrits. Bordeaux, Laffargue, 1845, in-12, 6 feuilles et demie.

Dom Devienne et le tome II de son Histoire de Bordeaux. Bordeaux, Gounouilhou, 1852, 3 feuilles et demie.

Jouannet, sa vie et ses écrits. Bordeaux, Durand, 1847, in-4°, 1 feuille et demie.

Bordeaux. — Impr. G. Gounouilhou,
place Puy-Paulin, 1.

DEUX ARTISTES BORDELAIS

DE LACOUR ET POITEVIN

PAR L. LAMOTHE

BIBLIOTHÈQUE IMPÉRIALE IMPR.

PARIS

CHEZ AUG. AUBRY, LIBRAIRE

RUE DAUPHINE, 16.

1859

DE LACOUR [1]

SCULPTEUR ET ANTIQUAIRE.

Un des hommes dont le nom a déjà honoré la ville de Bordeaux, parce qu'il avait su mériter l'estime publique, est descendu récemment dans la tombe : Pierre Lacour, dont la vie modeste n'avait jamais dépassé le seuil des sociétés littéraires de la province, mais dont les écrits ont déjà eu un plus lointain retentissement et mériteront long-temps d'être discutés, par les graves et difficiles problèmes qu'ils soulèvent, et pour la solution desquels ils auront au moins réuni des matériaux. Déjà le nom de son père occupait un rang distingué parmi les peintres de l'Empire. Le temps, qui a frappé d'un si grand discrédit des œuvres des plus recommandables de cette époque, semble avoir respecté les siennes, qui attirent toujours l'attention non-seulement par la sagesse de leur composition, mais aussi par un bon coloris, par un dessin correct, par une pensée vivifiante. Sous le rapport de la peinture, dans laquelle il fit quelques essais, Lacour fils ne peut sans doute soutenir

---

[1] Pierre de Lacour, né à Bordeaux le 16 mars 1778, mort à Bordeaux le 17 avril 1859.

le parallèle avec son père ; cependant, il était dessinateur
d'un rare mérite ; qualité insuffisante, il est vrai, à elle seule
pour transmettre les œuvres à la postérité et pour leur donner une vraie durée, mais qui trouva ici son complément
dans le talent du graveur. Sa première œuvre sérieuse fut le
dessin et la gravure des belles sculptures qu'offrit à l'admi-
ration des artistes la découverte, vers 1804, des tombeaux
en marbre blanc de Saint-Médard-d'Eyrans (Gironde). Le
texte de cet ouvrage appartient, selon le titre, à Lacour
père ; cependant, les notes, dans lesquelles perce déjà l'éru-
dition, est l'œuvre de Lacour fils. Signalé par cet essai aux
savants comme un collaborateur précieux, il publia ensuite
avec M. Vauthier (1812) les *Monuments de sculpture ancienne et moderne*, un volume grand in-folio. Plus tard,
MM. Visconti et Quatremère de Quincy lui confièrent des
travaux fort importants ; ainsi, plusieurs planches de l'*Ico-
nographie grecque et romaine* de M. Visconti, les princi-
pales planches du *Jupiter olympien* de M. Quatremère,
sont l'œuvre de notre compatriote, qui prit place dès lors
à côté des premiers graveurs, et surtout de ceux qui savent
s'élever au-dessus de la technique pure et s'associer à l'œuvre de l'écrivain sans fâcheuses complaisances.

A côté de ces travaux importants, il a livré à la lithographie une quantité très-considérable de dessins. Des sites,
des antiquités du Mont-d'Or, ont fait l'objet d'une publication spéciale, format grand in-folio, et qui comprend cinquante planches ; la lithographie, assez défectueuse, enlève
beaucoup au mérite du dessin, ou plutôt nuit au charme
du premier coup d'œil. Pour les revues locales, il a dessiné
un grand nombre de vues d'édifices et de sculptures : le
Bulletin du Muséum polymathique en renferme plusieurs ;
le plus grand nombre de ceux du *Musée d'Aquitaine* sont
signés par lui ; dans les *Actes de l'Académie de Bordeaux*,

les planches les plus importantes doivent lui être attribuées. Son concours a contribué à donner une haute valeur à deux publications, œuvres de simples particuliers : nous voulons parler de la revue *la Gironde* et de *la Guienne historique et monumentale*. Des pygmées détracteurs (tous les pygmées le sont) ont dit que la pureté classique de son crayon était inhabile à reproduire la sculpture du moyen âge. Les dessins qu'il a fournis à ces dernières publications répondent à ces reproches. Jamais artiste n'avait, au contraire, mieux saisi l'idéal du moyen âge.

Vers 1856, il entreprit la publication d'une série de lithographies à l'encre imitant la gravure ancienne; il se proposait de reproduire et de rendre en quelque sorte populaires les œuvres des anciens maîtres antérieurs au XVIIIe siècle. L'idée de cette publication était fort heureusement conçue, car il devait en découler de grands avantages et de grandes facilités pour l'instruction des jeunes artistes. Mais, doué d'un vaste savoir, Lacour, en homme supérieur et qui sent sa valeur, dédaignait le savoir-faire. Son projet, mal secondé et incompris, ne fut pas conduit au delà d'une vingtaine de planches. Et, comme pour prouver que tous les genres lui étaient accessibles, il s'est aussi essayé dans une série de compositions de fantaisie. *Mon Portefeuille* (1828) est une collection de cent cinquante planches lithographiées, quelques-unes avec des notices; les dessins, presque tous à trait, représentent le plus souvent des bas-reliefs antiques, des personnages pris dans les loges du Vatican par Raphaël, ou dans la porte de bronze de Saint-Pierre à Rome, ou sur la colonne Trajane, et quelques vues de monuments. *Album* (1850) est un recueil d'études et de croquis dessinés à la plume et autographiés. Presque tous les sujets sont empruntés à l'Italie et représentent des scènes dont plusieurs avaient dû être observées par le dessinateur; dans les fonds, se retrouvent des vues de monuments.

La correction, l'élégance, la pureté, voilà, avons-nous déjà dit, les mérites dominants du dessinateur et du graveur, les seuls côtés sous lesquels nous ayons considéré le mérite de M. Lacour; mais il y avait aussi en lui le savant, l'antiquaire, et ici ce seront des mérites presque opposés qui le signaleront; ce sera la nouveauté et l'originalité des vues. Le goût pour les études de la linguistique hébraïque et pour les études étymologiques se développa en lui dès l'âge de dix-huit ans, par la lecture du *Voyage en Nubie et en Abyssinie,* exécuté de 1768 à 1775 par James Bruce pour découvrir les sources du Nil, et par la lecture du *Monde primitif* de Court de Gébelin. Son goût fut dès lors déterminé. Après de longues années passées dans le recueillement, l'étude et la méditation; après avoir donné quelques études au *Bulletin polymathique,* il publia ses deux œuvres importantes : *Essai sur les hiéroglyphes égyptiens* (1821) et *Æloïm, ou les dieux de Moïse* (1859). Quatre mémoires sur le monothéisme et le polythéisme, publiés de 1850 à 1857, appartiennent au même ordre d'études. Il ne peut être question ici d'entrer dans l'examen, pas même dans l'analyse des questions soulevées dans ces livres. Elles ont trouvé des contradicteurs, mais elles n'en sont pas moins sérieuses et profondes, et la nouveauté des aperçus qu'ils présentent, la fécondité de leurs conséquences, suffiraient pour les recommander à l'investigation de tous les érudits philosophes.

C'est au milieu de travaux de ce genre que la mort est venue trouver Lacour. Depuis longtemps, sa vue, fatiguée par l'usage du burin, l'avait forcé d'abandonner d'abord la gravure, puis même le simple crayon.

Il avait appartenu à la plupart des Sociétés littéraires de

Bordeaux, à l'ancienne Société philomathique, à l'Académie de Bordeaux, à la Commission des Monuments historiques de la Gironde, et partout il fut membre zélé, payant de sa personne, rédigeant des mémoires, dont un grand nombre sont imprimés dans les recueils de ces Sociétés, fournissant des dessins non-seulement à l'appui de ses travaux, mais faisant ainsi valoir ceux de ses collègues; enfin, remplissant toujours avec dévouement les fonctions de secrétaire, lorsqu'elles lui étaient dévolues. Il appartenait aussi à l'Institut de France en qualité de correspondant pour les beaux-arts. La seule fonction publique dont il ait été revêtu est celle de directeur de l'École publique de dessin et de peinture de Bordeaux, qu'il abandonna vers 1840; il est resté jusqu'à sa mort conservateur du Musée des tableaux de Bordeaux : c'était une sorte de retraite accordée à ses anciens services; et il a encore témoigné dans cette position de son dévouement à l'art, en publiant, avec le concours de M. Jules Delpit, le Catalogue des tableaux du Musée, travail remarquable non-seulement par l'ordre et la méthode, mais aussi par des appréciations judicieuses et par des notices biographiques pleines d'intérêt.

Lacour fut aussi pendant quelques années professeur de dessin au Petit Séminaire de Bazas; et dans cette fonction modeste, il a laissé des souvenirs dans le cœur des professeurs comme dans celui des élèves.

Marié avec la fille d'un artiste de Bordeaux des plus recommandables, Mlle Combes, il eut le regret de la perdre presque en même temps qu'une jeune fille qu'il avait adoptée dès son enfance et élevée avec le dévouement et la tendresse d'un père. Doué d'une âme sensible et né pour les affections intimes, on comprend quel vide dut alors se faire autour de lui. Au lieu de chercher des distractions à l'extérieur, il se replia de plus en plus en lui-même, et avait fini même par ne plus sortir pour ainsi dire de son cabinet d'étude. Dans cette vie de claustration volontaire, son âme n'avait cependant rien perdu de sa douceur et de sa sérénité ; il était toujours plein d'affabilité pour tous ceux qui s'adressaient à lui pour lui demander quelques conseils, qu'il s'empressait de leur donner ; aussi tous se retiraient emportant de lui l'idée d'un homme dont la bonté égalait la science, et dont la science était profonde ; ceux mêmes qui ne l'ont connu qu'incidemment ont conservé de lui un souvenir qui ne s'éteindra qu'avec eux, hommage involontaire à un homme de bien et à un homme supérieur [1].

[1] Voir : *Journal des Savants*, avril 1821, p. 205, article de M. Abel Rémusat ; 2º *Actes de l'Académie de Bordeaux*, 1851, p. 153, article de M. Ch. Des Moulins et de M. l'abbé Cirot de La Ville ; 3º l'*Ami des Champs*, 1856, p. 104, article de M. de Lamothe ; 4º *Nouvelle Biographie universelle*, article de M. G. Brunet.

POITEVIN

ARCHITECTE.

Une vie d'une intégrité irréprochable et consacrée au bien public, voilà l'idée attachée au nom inscrit en tête de ces pages. Nous ne devons pas craindre de prendre la plume pour en parler ; car, si elle fut modeste, elle n'en fut pas moins bien remplie. Les œuvres éclatantes auraient-elles donc seules des droits à être narrées? Non, sans doute; les vertus pratiquées, les services rendus, sont des titres quelquefois plus sérieux aux yeux du philosophe, et bien peu se présenteront devant le Tribunal suprême munis d'une plus riche moisson que Poitevin.

Dès son enfance, se révéla chez lui un goût vif pour les arts et principalement pour les arts du dessin ; mais peu fortuné, réduit à se devoir tout à lui-même, il s'était vu forcé de donner des leçons dans une institution privée à Gironde (arrondissement de La Réole), lorsque la connaissance d'une famille noble, chez laquelle le goût des lettres et des arts est héréditaire, lui fournit les moyens d'aller compléter son éducation à Paris C'est à la famille de Marcellus qu'il dut de pouvoir se rendre dans la capitale pour y suivre les cours de l'École des Beaux-Arts. Le jeune Poitevin se livra avec ardeur à l'étude : admis dans l'atelier du peintre Renaud, professeur de dessin à cette école, dans celui de l'architecte Percier, aussi professeur à cette école, il y fit de rapides progrès et fut classé parmi les élèves devant lesquels s'ouvrait un brillant avenir. En 1809, il obtint, comme marque de distinction, une médaille d'argent décernée par l'École spéciale d'Architecture; en 1814, il exposa au Salon de Paris un projet de palais des beaux-arts, un dessin représentant des fragments d'architecture antique et moderne et un intérieur de musée. Ces travaux, qui ornent encore son cabinet et qui viendront un jour, nous l'espérons bien, au Musée de la ville, montrent avec quelle perfection Poitevin dessinait. Il s'exerça aussi à la gravure, et trois planches au trait qu'il a gravées pour le *Musée* Landon, montrent qu'il aurait pu prétendre à des succès dans cette voie.

Un des certificats qui lui furent délivrés quelque temps après sa sortie de l'école, en disant ce qu'avait été jusqu'alors Poitevin, dit aussi ce qu'il va devenir et ce qu'il sera. Sa vie tout entière semble n'être, en effet, que la justification des espérances qu'il avait données jusqu'alors et le développement du mérite que l'on avait remarqué en lui. Cette pièce mérite d'être transcrite :

« Je soussigné, certifie que Pierre-Alexandre Poitevin, né à Bordeaux le 24 février 1782, entré à l'École royale d'Architecture de Paris le 1er janvier 1809, y a suivi avec assiduité, pendant quatre ans, les cours et concours sous la direction de M. Percier, architecte, membre de l'Institut royal de France; que ledit sieur Poitevin s'est fait remarquer, dans le cours de ses études, par une bonne conduite, un caractère et une honnêteté estimables; par d'heureuses dispositions, par des progrès sensibles, et même par des succès très-honorables, ayant remporté le prix sur le projet présenté par l'Académie d'un monument à élever à la gloire de Paul Riquet, auteur du Canal du Languedoc; que les talents et les qualités recommandables du sieur Poitevin lui ont mérité l'amitié de ses rivaux, l'estime et la considération de ses professeurs. — En foi de quoi, etc. Paris, le 1er janvier 1815. Le secrétaire-archiviste de l'École royale et spéciale d'Architecture, Vaudoyer. Vu et certifié par Dufourny, professeur de l'École d'Architecture, membre de l'Institut. »

Dès sa sortie de l'école, son mérite reconnu et la confiance qu'inspirait son caractère lui firent confier les fonctions d'architecte du département de Jemmapes; il fut ainsi résider à Mons; mais ses souvenirs de famille, ses intérêts, le rattachaient à Bordeaux. Aussi, après six mois de séjour, donna-t-il sa démission pour revenir dans son pays natal.

Peu de temps après, d'immenses travaux de démolition s'exécutaient à Bordeaux. M. Lainé, ministre de l'intérieur, voulant donner à sa ville natale un souvenir de son passage aux affaires, avait fait rendre l'ordonnance du 5 septembre 1816, par suite de laquelle la démolition du Château-Trompette tant de fois promise devait enfin s'exécuter, et ces murs de pierres céder la place à d'élégantes promenades et à de nouveaux quartiers. M. Dufar, architecte, chargé de ce travail, était fort âgé; il fallait, pour opérer la surveillance convenable, un homme jeune, actif et intelligent. M. Dutrouilh, adjoint de maire, chargé des travaux publics, fit choix du jeune Poitevin, qui ne tarda pas à se concilier dans ce poste, de la part des diverses autorités, une estime et une affection qui ne devaient jamais se démentir. Poitevin fut donc investi du titre de sous-directeur des travaux de démolition du Château-Trompette.

Le département de la Gironde avait alors pour premier administrateur un homme habile à saisir les employés de mérite, empressé à leur donner les moyens de se développer, heureux de faire profiter de leur concours la chose publique : c'était M. de Tournon. Des difficultés surgirent dans son administration au sujet des travaux de convertissement de l'abbaye d'Eysses (Lot-et-Garonne) en maison centrale de détention. L'éloignement de cette localité de Bordeaux, le soin d'affaires plus importantes, avaient pu empêcher

M. Combes, chargé du service de ce département en même temps que de celui de la Gironde, d'exercer sur les entrepreneurs toute la surveillance voulue ; il fallait régler des comptes arriérés, vérifier des ouvrages déjà anciens. M. de Tournon voulait charger Poitevin de cette reconnaissance. Pendant longtemps, celui-ci refusa cette mission, d'autant plus délicate, qu'elle entraînait en quelque sorte un contrôle sur la gestion de M. Combes, son confrère et son ami. Ce ne fut que lorsque ce dernier eut joint ses sollicitations à celles du préfet, que Poitevin partit ; il ne revint qu'après avoir rempli sa délégation.

Le dévouement et l'intelligence dont il faisait preuve dans les emplois qui lui étaient confiés, ressortent des élévations successives qu'il reçut à chaque mission.

Ainsi, après la terminaison des difficultés relatives à l'agrandissement et à l'appropriation de la maison d'Eysses, il fut nommé architecte du département de Lot-et-Garonne ; après plusieurs années d'exercice et après la mort de M. Combes, il devint architecte du département de la Gironde, fonctions qu'il a conservées jusqu'en 1850.

En 1824, M. Bonfin, architecte de la ville de Bordeaux, se retira de cet emploi. Ce fut encore sur Poitevin qu'on jeta les yeux pour remplir cette nouvelle place ; et les deux fonctions d'architecte du département et d'architecte de la ville se trouvèrent ainsi réunies sur la même tête, et l'ont été jusqu'en 1850. Ce cumul, approuvé par le préfet, M. de Bréteuil, dans les termes les plus flatteurs pour l'architecte, se trouva sans inconvénient par suite de sa grande activité : on remarqua seulement plus d'unité dans la direction. Toutefois, ce second emploi ne lui permettant plus de longues absences, le détermina à renoncer à la direction des travaux qui s'effectuaient dans le département de Lot-et-Garonne.

Pendant le cours de sa carrière, Poitevin fut appelé à

faire exécuter des constructions fort importantes, indépendamment du courant obligé des travaux d'entretien et des questions de tout genre qui s'y rattachent. Un album, formé par ses soins, et qu'il a déposé en 1851, comme un testament, à la bibliothèque de Bordeaux, contient les principaux dessins relatifs aux monuments qu'il a fait ériger ou compléter. En voici l'indication chronologique :

1820. Reconstruction de voûtes écroulées près la porte nord de la Cathédrale Saint-André; construction, à l'intérieur des flèches, de charpentes se liant à la maçonnerie et maintenant la stabilité.

1820. Agrandissement et achèvement de la maison centrale d'Eysses (Lot-et-Garonne) pour les hommes. Déjà, en 1819, avaient été construits, par les soins de M. Combes, les logements des employés à droite de la grande cour.

1823. Construction à Marmande (Lot-et-Garonne) d'un bâtiment comprenant l'Hôtel-de-Ville, le Tribunal et les prisons.

1823. Agrandissement et appropriation de l'ancien château des ducs d'Épernon, à Cadillac, en maison centrale de détention pour les femmes. Les nouveaux corps de logis dans la cour d'entrée s'élèvent sur le plan des anciens souterrains.

1823. Construction à Bordeaux de l'église paroissiale de Saint-Nicolas-de-Grave.

1825. Construction à Pauillac (Gironde) du lazaret Marie-Thérèze [1].

1826. Construction de sacristies annexées à l'église Cathédrale Saint-André de Bordeaux.

1827. Érection, dans la même église, d'un mausolée renfermant le corps de Mgr d'Aviau, archevêque. La statue est de Maggesi.

1827. Construction d'un porche extérieur à l'église Sainte-Eulalie de Bordeaux.

1827. — Construction de canaux pour l'écoulement des eaux et l'assainissement de divers quartiers de cette ville.

---

[1] Ces plans ont été gravés et insérés dans les *Archives du Conseil des bâtiments civils*, in-fol.

1828. Construction de la façade ouest de l'église Saint-Éloi.

1828. Construction d'un pavillon temporaire en bois pour un bal donné par la ville à la duchesse de Berry.

1828. Érection de deux colonnes rostrales sur la place des Quinconces.

1828. Construction de nouveaux quartiers pour l'asile des aliénés de Cadillac.

1829. Construction des écuries du dépôt d'étalon de Libourne.

1829. Construction de l'hôtel Verthamont (propriété privée) sur le cours de l'Intendance, à Bordeaux.

1829. Construction de la façade ouest de l'église Saint-Seurin.

1830. Construction d'une caserne de gendarmerie, rue des Minimes.

Il ne saurait entrer dans notre plan de nous livrer à un examen critique de ces divers travaux. Non-seulement le goût varie en architecture comme en toutes choses, mais le progrès en administration impose des exigences nouvelles auxquelles l'architecte doit obéir en esclave. Ainsi, les modifications survenues dans les idées médicales sur le mode de propagation de la peste, en faisant à peu près supprimer les Quarantaines, ont rendu inutiles les lazarets ; et celui érigé en 1826 est aujourd'hui sans destination. Les études entreprises pour l'amélioration des prisons ont déjà fait changer plus d'une fois de système depuis l'appropriation des maisons d'Eysses et de Cadillac ; mais on peut bien dire que ces travaux ont été satisfaisants, puisque c'est l'état des lieux qu'ils ont créé qui dure encore.

Les œuvres de style gothique, par lesquelles il a complété et décoré plusieurs façades d'églises romanes ou ogivales, sentent sans doute quelquefois le style gréco-romain, et aujourd'hui nos idées de fidèle reproduction trouveraient à redire à des imitations si infidèles. Mais Poitevin lui-même eut été sans doute dans ces derniers temps de l'avis de ses critiques. Que l'on se reporte à l'époque de ces travaux, et on les louera sans restriction ; alors, ils étaient même une heureuse innovation, comme tendance de réhabilitation du style du moyen âge, encore fort dédaigné. En 1855, un juge bien compétent, M. le comte de Montalembert, leur a accordé, dans l'ensemble, des éloges dont ils ne sont point indignes [1]. Aujourd'hui, si ces ouvrages étaient à faire, on y dépenserait follement des sommes énormes ; mais alors, on était plus économe des deniers publics, au moins pour des restaurations qui n'eussent été comprises de presque personne ; ce n'était donc qu'en se maintenant dans les bornes d'une stricte économie que Poitevin pouvait réaliser de tels projets ; et considéré sous ce rapport, il a atteint son but d'une façon fort heureuse.

Son travail le plus important a été la consolidation des flèches de la Cathédrale Saint-André, à l'aide d'une charpente intérieure solidaire avec la maçonnerie. Sans l'énergique résistance de l'architecte, elles eussent été renversées comme menaçant la sûreté publique, et Bordeaux eût été privé d'un de ses monuments les plus importants [2].

Si Poitevin voulait qu'on imitât avec soin le style des monuments que l'on réparait, que l'on complétait, c'était plutôt par amour pour l'harmonie que par tendance pour le style gothique ; car toutes ses préférences étaient pour l'antique et pour le style moderne. Ainsi, il considérait comme une rétrogradation et une erreur de goût l'adoption du style gothique pour l'érection d'un monument religieux moderne. Membre de la Commission des Monuments his-

---

[1] Voir *Revue des Deux-Mondes*, 1833, p. 514. M. le comte de Montalembert commet une erreur, en attribuant à Lasmolles des travaux qui appartiennent à Poitevin. Lasmolles fut seulement entrepreneur de quelques-uns de ces ouvrages.

[2] Voir ce que nous avons déjà dit à ce sujet dans notre *Essai sur l'église Saint-André*. Actes de l'Académie de Bordeaux, 1842, p. 327.

toriques du département de la Gironde, dans laquelle ces idées avaient quelques contradicteurs, il publia ses vues, et motiva son avis dans une brochure qui a paru en 1846, sous le titre : *Résumé de l'Histoire des arts depuis leur origine jusqu'à l'époque actuelle* (2ᵉ édition).

Ceux qui ne veulent que le style du moyen âge pour les édifices d'un ordre élevé, voudraient nous reporter, dit-il, au temps de la barbarie, comme n'admettre que le style Pompadour pour les maisons particulières, serait nous ramener à une époque de licence et de mauvais goût. Il ne méconnaît pas le genre de beauté propre au gothique; il loue Saint-Sernin de Toulouse comme un très-bel édifice; mais c'est Sainte-Geneviève, de Soufflot, la Magdelaine, qui ont toutes ses préférences et qu'il défend contre des attaques qui lui paraissent injustes.

Ce n'est pas le moment de débattre une question très-controversée. Mais quelque opinion que l'on ait sur ce sujet, il faut bien reconnaître que d'excellents esprits se sont prononcés en faveur de la thèse que soutint Poitevin : entre autres M. Raoul Rochette, en 1846, parlant au nom de l'Académie des beaux-arts (Institut de France); M. Vitet, aussi de l'Institut, dans un discours qu'il prononça, en 1847, comme président de la Société des Antiquaires de Normandie.

Enfin, au sujet des restaurations des monuments anciens dont il a été chargé, n'oublions pas de le louer d'un mérite en quelque sorte négatif, mais qui n'en est pas moins assez rare chez les architectes : il n'a rien dégradé. Ainsi, sous prétexte de consolider, il n'a pas renversé et refait à nouveau; sous prétexte de compléter, il n'a pas dénaturé. Tout ce qu'il a fait a pour motif l'utilité ou une convenance évidente, règles souveraines de l'architecture, principes élémentaires d'administration.

On a pu dire que la sacristie de l'église Saint-André masquait l'ancienne porte royale, un des plus beaux morceaux de sculpture de la fin du XIIe ou du commencement du XIIIe siècle [1]; mais déjà, autrefois, cette porte disparaissait derrière les constructions de l'ancien Archevêché; l'état des choses actuel aurait donc déjà pour excuse l'état ancien et une prescription séculaire; l'érection de sacristies sur ce point était aussi, bien qu'elles ne datent que de 1826, un fait déjà accompli en principe et sanctionné par décision ministérielle avant l'entrée en fonctions de Poitevin.

Les meilleures constructions qu'il ait laissées appartiennent au style moderne : c'est l'église Saint-Nicolas-de-Graves, à Bordeaux, qui ne peut être citée, il est vrai, que pour sa modestie et sa correction, mais qui, simple église de faubourg, devrait être critiquée, si elle se présentait sous un autre aspect; ce sont les colonnes rostrales, sur la place des Quinconces, d'un bel effet, et qui annoncent bien le quartier neuf de la cité; c'est enfin la maison Verthamont, qui n'est pas indigne, malgré quelque exiguité dans la partie supérieure, d'être placée à côté de la maison Aquart, une des meilleures œuvres de Combes et digne elle-même d'avoisiner les œuvres de Louis.

La brochure que nous avons mentionnée n'est pas la seule trace qu'ait laissée Poitevin de son passage à la Commission des Monuments historiques. Pendant plusieurs années, il se rendit fort exactement aux séances et rédigea utilement un assez grand nombre de rapports. Du reste, dans toutes les positions qu'il occupa, il se montra toujours le même, c'est-à-dire actif, dévoué, intelligent, bienveillant sans faiblesse. Membre de la Société Philo-

---

[1] D'après nos idées, M. Jules Roberty, architecte, a fait un dessin de cette porte qui la présente dégagée des constructions adossées. (Voir le *Compte-Rendu des travaux de la Commission des Monuments historiques*, 1852, 13e année, p. 8.)

mathique, il s'occupa avec zèle de l'organisation des Classes d'adultes; membre de la fabrique de la paroisse Saint-Seurin, ses conseils ont été souvent invoqués et toujours mis à profit dans la direction des ouvrages importants, difficiles et délicats, qui ont été exécutés depuis quelques années à cette église.

Les loisirs qui lui restaient, il les occupa, tant que ses forces le lui permirent, à la peinture. Nous avons déjà dit avec quelle perfection il dessinait. Plusieurs de ses tableaux à l'huile ne sont pas non plus sans mérite : le plus remarquable nous a paru être l'Age d'or; le choix du sujet révèlerait seul une âme bonne et calme. La composition ne peut offrir que l'image du bonheur; il est personnifié dans deux beaux enfants jouant auprès de leurs parents, heureux de cette joie enfantine, heureux de leur propre union, heureux du spectacle de la nature qui semble elle-même leur sourire : le nu a permis au peintre de manifester son goût pour les belles lignes.

C'est ainsi, après une vie bien remplie, distrait de ses travaux sérieux par les seules jouissances des beaux-arts, et dans le bonheur d'une union sans nuage, que Poitevin est décédé le 8 avril 1859, âgé de soixante-dix-sept ans. Nous ne dirons pas avec emphase que sa mort a laissé un grand vide dans la cité; mais avec vérité qu'il a été regretté du fond de l'âme par tous ceux qui l'avaient connu, emportant leur estime et leur affection, et le sentiment qu'on ne rencontre que rarement des hommes qui les méritent aussi aveuglément [1].

[1] Voir *Dict. des Artistes de l'École française au XIXe siècle*, par Gabet. Paris, 1831, 1 vol. in-8°.

www.ingramcontent.com/pod-product-compliance
Lightning Source LLC
Chambersburg PA
CBHW051222050726
47594CB00007B/3328